بسم الله الرحمن الرحيم

SEMERKAND
Köln 2014

SEMERKAND

info@erolmedien.de

ISBN: 978-3-95707-099-9

Autor: Seyyid Abdulqadir Gilani

Übersetzt aus dem Türkischen und überarbeitet
von Ali İhsan Weiger

Lektorat: Ali İhsan Weiger

Covergestaltung und Satz: Canan Yelesen

Redaktionsleitung: İsmail Gökhan Korkmaz

Chefredakteur: Ali Sözer

Erstauflage

Druck:

Elma Basım

Halkalı Cad. No:164 B4 Blok Sefaköy-Küçükçekmece-İstanbul

Tel:0212 697 30 30

(yaygın dağıtım)

EROL MEDIEN

Erol Medien GmbH
Kölner Str. 256
51149 Köln

Tel: +49 (0) 2203/ 36 94 90
Fax: +49 (0) 2203/ 3 694 910

E-Mail: info@erolmedien.de
Web: www.erolmedien.de
www.semerkandonline.de

ESMA'UL HUSNA

بسم الله الرحمن الرحيم

„Allahs sind die Schönsten Namen. So ruft ihn mit diesen an!"

(7. Sure: El-A'raf, Vers 180)

جل جلاله *„Dschelle Dschelalehu„*
(„Seine erhabene Majestät")

صلى الله عليه وسلم *„Salla Allahu aleyhi we sellem"*
(„Allahs Segen und Friede sei auf ihm").

عليه السلام *„Aleyhi/Aleyhima/Aleyhim Selam"*
(„Friede sei mit ihm/den beiden/ihnen").

قدس الله سره *„Qaddes Allahu Sirrahu/Sirraha/Sirrahuma/ Sirrahum/Sirrahunne"*
(„Möge Allah sein/ihr/beider/ihr Geheimnis heiligen").

VORWORT

Alles Lob gebührt Allahﷻ, der uns Seine Schönen Namen lehrte und uns befahl, Ihn mit Seinen Schönen Namen im *Du'a* (Bittgebet) anzurufen!

Unendlicher Frieden und Segen sei auf dem Gesandten Muhammedﷺ, der uns die Bedeutung der Schönen Namen Allahsﷻ erläuterte und uns erklärte, auf welche Art und Weise wir Ihn damit im *Du’a* (Bittgebet) anrufen sollen. Er vermittelt unsere *Du‘as* für uns an den Erhabenen Allah weiter und wegen Seiner Liebe zu ihm akzeptiert der Erhabene Allah unsere *Du’as*, wenn wir Ihn bei Seiner Liebe zu seinem geliebten Gesandten darum bitten.

Friede sei auf der Familie des Gesandtenﷺ und auf dessen Gefährtenرضي الله عنهم, die uns die *Du'as* (Bittgebete) zu den Schönen Namen Allahsﷻ und die Weisheit, die hinter diesen Namen steht, auf vollkommene Weise überlieferten.

Der Titel dieses Büchleins, *Esma’ul Husna*, bedeutet zu Deutsch „die Schönen Namen“. Diese Schönen Namen Allahsﷻ werden in verschiedenen *Ayets* (Quranversen) und *Hadithen* (prophetischen Überlieferungen) erwähnt. Dabei sind die *Esma’ul Husna* nicht nur ein Beleg für die Schönen Namen Allahsﷻ und Dessen Eigenschaften, sondern sie drücken gleichzeitig auch die Wesenseigenschaften Allahsﷻ, Seine Besonderheiten, Seine Merkmale und Seine Erhabenheit über alle Arten der Unvollkommenheit und Mangelhaftigkeit aus.

Allah ﷻ verbirgt in den *Esma'ul Husna* unendlich viele Geheimnisse. Jedes Mal, wenn sich Ihm Sein Diener mit der Rezitation eines Seiner Schönen Namen nähert, öffnet Er ihm ein Tor, das ihm Einlass zu einer Seiner besonderen Wesenseigenschaften gewährt. Für jede nur denkbare Situation in der sich der Mensch befindet – egal ob er einen Nutzen erlangen oder ob er von einem Schaden befreit werden möchte – bietet ihm Allah ﷻ die Möglichkeit an, sich Ihm im Gedenken mit einem Seiner Schönen Namen zuzuwenden. Aus diesem Grunde gibt es für jeden Wunsch des Menschen, für jedes Verlangen, das ihn erfasst, für jede Situation in der er sich befindet, ein angemessenes *Du'a* (Bittgebet) mit einem der Schönen Namen Allahs ﷻ. So ruft man beispielsweise Allah ﷻ in Zeiten des Hungers und der materiellen Not mit Seinen Namen Er-Razzaq, El-Wehhab und El-Kerim an. Denn diese Namen bringen die Eigenschaft Seiner Wohltätigkeit am meisten zum Ausdruck. Da bittet man Ihn also in etwa folgendermaßen: „Ya Razzaq! Stille meinen Hunger! Ya Wehhab! Gewähre mir meinen Lebensunterhalt! Ya Kerim! Lindere meine Not!"[1] Oder wer Vergebung für seine Sünden möchte, der ruft Allah ﷻ bei jenen Seiner Namen an, die seine Eigenschaft der Vergebung beschreiben, wie El-Ghaffar, Et-Tewwab und El-Afuww. Da bittet man ihn dann in etwa so: „Ya Ghaffar! Verzeih mir meine Sünden! Ya Tewwab! Nimm meine Reue an! Ya Afuww! Sieh über meinen Ungehorsam hinweg!" Gegen Ärger und Probleme hilft es, Allah ﷻ mit: „Ya Rahman", „Ya Rahim" oder „Ya Ra'uf" anzurufen. Wer sich von Allah ﷻ Ge-

1 Dabei ist der Partikel „Ya" ein sogenannter Anrufpartikel. Zu deutsch würde man „Ya" mit „O" übersetzen: „O Razzaq! O Wehhab! O Kerim!".

rechtigkeit gegenüber Unterdrückern und Feinden wünscht, der sollte sich an Seine Namen El-Qahhar und El-Munteqim wenden. Errettung aus einer misslichen Lage erfährt jener, der Allahﷻ bei Seinem Namen El-Fettah um Hilfe bittet. Wer sich von Allahﷻ Rechtleitung verspricht, der sollte Ihn bei Seinen Namen El-Hadi und En-Nur anrufen. Es-Sabur bittet man darum, einem Standhaftigkeit, Duldsamkeit und Beharrlichkeit auf dem Wege Allahsﷻ zu schenken. Und so gibt es für jede Art der Bedrängnis, jedes Bedürfnis, jede Sorge und jeden Kummer, jede spirituelle und jede körperliche Krankheit und überhaupt für jede Sache, die man sich nur vorstellen kann, einen göttlichen Namen, bei dem man um Erleichterung, um Abhilfe, um Heilung, um Errettung, um die Gewährung einer Sache, um das Fortkommen auf dem göttlichen Pfade oder um die Erlangung des Heils bitten kann.

Wer Allahﷻ in angemessener Weise bei Seinen Schönen Namen anfleht, dem öffnet Dieser die Pforten zu Seiner Barmherzigkeit und zu Seinen Wohltaten. Denn jeder Schöne Name Allahsﷻ ist gleichzeitig auch ein Schlüssel zu einer der göttlichen Pforten!

Vom Anbeginn der islamischen Zeitrechnung an wurde den *Esma'ul Husna* von den islamischen Gelehrten eine besondere Bedeutung beigemessen und einige von ihnen fassten ihre Gedanken zu diesem Thema in eigene Werke. Eines davon ist das uns vorliegende Werk des großen *Weli* (Freund Allahsﷻ) Abdulqadir Gilaniقدس الله سره, das dieser in Reimform, als sogenannte *Qasideh*, verfasste. Diese *Qasideh* wurde im Jahre 1999 unter dem Namen „*Qasidetul Esma'ul Husna*" von dem Beiruter Verlag Mu'essesetul Kutubi Sekafiyyeh veröffentlich. Wir haben uns dazu entschlossen, diese *Qasideh* ins Deutsche zu übersetzen, damit auch dem deutschen Leser die Möglichkeit gegeben wird, von diesen äußerst heilsamen *Du'as* (Bittgebeten) profitieren zu können. Dabei haben wir das einleitende und das abschließende *Du'a* in Reimform übersetzt, damit der Flair des Grundtextes so weit als möglich erhalten bleibt. Den Hauptteil, der aus dem *Du'a* mit den 99 Schönen Namen Allahsﷻ besteht, übersetzten wir hingegen nicht in Reimform, da wir hier so nah als nur möglich am ursprünglichen Wortlaut des Grundtextes bleiben wollten, um der Gefahr zu entgehen, die Bedeutung des *Du'as* zu sehr zu verändern. Grundsätzlich ist zu dem Text Abdulqadir Gilanisقدس الله سره zu sagen, dass dieser allgemein gehalten ist und Interpretationsspielraum bietet. Deshalb verfassten wir die Übersetzung ebenfalls so allgemein als möglich, damit die Bandbreite der Möglichkeit des *Du'as* mit den *Esma'ul Husna* nicht unnötig von uns eingeschränkt wird.

Die *Esma'ul Husna* nehmen im Leben eines jeden Menschen einen wichtigen Platz ein. Wer die Schönen Namen Allahsﷻ kennenlernt und sich näher mit ihrer Bedeutung auseinandersetzt, der wird sehr bald einen inneren Drang verspüren, mithilfe der Namen Allahsﷻ *Du'as* zu sprechen und *Dhikr* zu machen, also Allahsﷻ zu gedenken. Dies liegt daran, dass jeder einzelne Name Allahsﷻ eine ganz besondere, nur ihm eigene, Heilkraft beinhaltet. Jeder dieser Namen erleuchtet mit seinem speziellen Licht einen ganz bestimmten Aspekt unseres persönlichen Weges. Und all diese Lichter der *Esma'ul Husna* zusammengenommen, lassen noch den letzten Winkel unseres Lebens erstrahlen und helfen uns so dabei, den göttlichen Weg zu beschreiten, die göttlichen Geheimnisse zu entdecken und somit unser Ziel zu erreichen. Hierdurch wird jedem Menschen die Möglichkeit gegeben, die Stufen der spirituellen Leiter Sprosse für Sprosse zu erklimmen, um schlussendlich jene Manifestationen der *Esma'ul Husna*, die in seinem Wesen vorherrschen, zur Perfektion zu bringen und dadurch seine persönliche Vollkommenheit zu erlangen.

Jeder Mensch sollte also mit den *Esma'ul Husna* seine *Du'as* sprechen, da diese *Du'as* (Bittgebete) sehr wirkungsvoll und sehr heilkräftig sind. Dies gilt besonders für das uns vorliegende *Du'a* Abdulqadir Gilanis قدس سره Denn dieser war eine der herausragenden Ausnahmepersönlichkeit in der islamischen Geschichte. Er gilt als einer der größten *Ewliya* (Freunde Allahs ﷻ) überhaupt und seine *Himmeh* (spirituelle Hilfe) ist auch noch nach seinem Ableben besonders wirkungsvoll.

Wer dieses *Du'a* als tägliche Andachtsübung (*Wird*) praktizieren möchte, der sollte wissen, dass das *Wird* eine sehr starke Medizin für die Herzen der Menschen ist und dass dieses deshalb, wie jede starke Medizin, von einem kompetenten Fachmann verschrieben werden sollte. In unserem Fall ist solch ein Fachmann ein *Murschidul Kamil*, also ein vollendeter Wegweiser. Dieser hat den Weg der Erziehung seines *Nefs* (Triebseele) bis zu seinem Ende beschritten und hat von seinem spirituellen Lehrer die Erlaubnis dazu erhalten, die *Nefs* anderer Menschen zum Besseren zu erziehen. Wer also die *Du'a* mit den *Esma'ul Husna* zu seiner täglichen Andachtsübung machen will, der sollte zuvor einen Murschid um Erlaubnis fragen, denn dieser weiß viel besser als wir selbst, welche Medizin für die Heilung unserer Herzen am besten geeignet ist.

Möge uns der Erhabene Allah das *Du'a* bei Seinen Schönen Namen zu einem Vermittler für die Erhörung unserer *Du'as* (Bittgebete) machen!

EINLEITUNG

„Allah besitzt 99 Namen. 100 minus 1! Jeder der diese auswendig lernt, wird ins Paradies eintreten. Und Er ist ein Einziger und liebt die Ungeradheit[2].“

(Bukhari: Da'wat: 68: „Lillahi Mi'atu Ismin ghayra Wahid“, 6410)

Die islamischen Gelehrten haben im Edlen Quran über 200 Namen Allahsﷻ ausfindig gemacht. In den letzten drei Versen der 59. Sure el-Haschr stehen allein 15 Seiner Schönen Namen. Dort heißt es:

„Er ist Allah, außer Dem es keine Gottheit gibt. Er ist der Kenner des Verborgenen und des Sichtbaren. Er ist Er-Rahman Er-Rahim. Er ist Allah, außer Dem es keine Gottheit gibt. Er ist El-Melik, El-Quddus, Es-Selam, El-Mu'min, El-Muheymin, El-Aziz, El-Dschebbar, El-Mutekebbir. Erhaben ist Allah über das, was sie (Ihm) beigesellen. Er ist Allah El-Khaliq, El-Bari, El-Musawwir. Sein sind die Schönsten Namen. Ihn preist alles was in den Himmeln und auf Erden ist. Und Er ist El-Aziz, El-Hakim.“

Die 99 Namen Allahsﷻ, die in den „*Esma'ul Husna*“ Abdulqadir Gilanisقدس سره aufgeführt werden, sind jene 99 Namen Allahsﷻ, die in den bekannten Überlieferungen vom Gesandten Allahsﷺ als solche benannt werden.[3] Das Auswendiglernen dieser Namen und die Beschäftigung damit, hat nicht nur jenseiti-

2 Er liebt die Ungeradheit der Zahlen und der Dinge. Deshalb hat Er 99 Namen und nicht 98 oder 100.

3 Vgl. Tirmidhi: Sunen: Da'wat: 87: „Esma'u Allah el-Husna“; Nr. 3849; Beyhaqi: Sunenul Kubra: Iman: 2: „Esma'u Allah Azze we Dschelle…“; Nr. 20312; und andere. Dabei unterseiden sich die verschiedenen Überlieferungen in einigen wenigen Namen voneinander.

gen Nutzen für den Muslim, sondern nützt diesem auch im Diesseits auf vielfältige Weise, denn:

Wer sich mit den Esma'ul Husna auseinandersetzt, der lernt dadurch gleichzeitig auch wichtige Aspekte der *Aqideh* (Glaubenslehre) des Islam kennen. Denn da die *Esma'ul Husna* auf die Eigenschaften Allahsﷻ hinweisen, stehen sie im Mittelpunkt der *Aqideh* des Islam. Daher muss jeder Gläubige über die Eigenschaften Allahsﷻ Bescheid wissen. Denn wenn man die Eigenschaften Allahsﷻ nicht kennt, dann macht man sich seine eigene Vorstellung vom Erhabenen Allah. Und wenn man sich seine eigene Vorstellung von Allahﷻ macht, dann läuft man Gefahr, in die Irre zu gehen, denn solch eine Vorstellung wird wohl höchstwahrscheinlich nicht den Tatsachen entsprechen können, da diese Vorstellung immer nur im Rahmen des menschlichen Vorstellungsvermögens zustande kommen kann. Dabei sind die Namen Allahsﷻ in zehn Kategorien[4] unterteilt:

- Namen, die auf die Existenz Allahsﷻ hinweisen,
- Namen, die auf die Beständigkeit und Unvergänglichkeit Allahsﷻ hinweisen,
- Namen, die darauf hinweisen, dass Allahﷻ mit nichts und niemanden zu vergleichen ist, dass Er nicht durch einen Körper beschränkt ist und dass Er weder Eltern noch Kinder hat,
- Namen, die darauf hinweisen, dass Allahﷻ einzigartig und Der auf ewig Preiswürdige ist,
- Namen, die auf das Leben, das Wissen, das Sehen und das Hören Allahsﷻ hinweisen,

4 Vgl. dazu: Abdulaziz Bin Ahmed el-Dirini: „El-Maqsadul Esna fi Scherhil Esma'il Husna", Darul Kutub el-Ilmiyeh; Libanon, 2008.

- Namen, die auf die absolute Fähigkeit und Allmacht (*Qudreh*) Allahs ﷻ hinweisen,
- Namen, die darauf hinweisen, dass nichts gegen den Willen Allahs ﷻ geschieht,
- Namen, die auf die Eigenschaft des Sprechens (*Kelam*) Allahs ﷻ hinweisen,
- Namen, die auf die ewige und uneingeschränkte Herrschaft Allahs ﷻ hinweisen, die keinen Anfang und keine Ende hat und niemals vergehen wird,
- Namen, die auf die Majestät (*Dschelal*) und die Vollkommenheit (*Kemal*) Allahs ﷻ hinweisen.

Dabei muss man nicht nur die Namen, sondern auch das Wesen der Eigenschaften Allahs ﷻ kennen. So reicht es beispielsweise nicht aus, dass man weiß, dass Allah ﷻ alle Dinge sehen kann, sondern man muss gleichzeitig auch wissen, dass das Sehen Allahs ﷻ in keinster Weise mit dem Sehen des Menschen oder anderer Lebewesen vergleichbar ist. So besitzt Er weder Sehorgane noch benötigt Er andere Hilfsmittel, um die Dinge sehen zu können. Sein Sehen ist weder von den Lichtverhältnissen oder dem Blickwinkel zum Gesehenen abhängig, noch benötigt Er ein Gehirn, um das Gesehene in Bilder umzuwandeln, noch ist Sein Sehen mit irgendeiner Art von Anstrengung verbunden. Allah ﷻ ist ganz anders als der Mensch und genauso sind all Seine Eigenschaften ganz anders als die Eigenschaften des Menschen. Dies zu erkennen ist der erste Schritt zur Erlangung der Erkenntnis von Allah ﷻ.

Man kann das Wirken des Erhabenen Allah in Seiner Schöpfung mithilfe der *Esma'ul Husna* besser erkennen. Der große Gelehrte und *Weli* (Freund Allahs) Sa'id Nursi قدس سره sagte dazu, dass die ganze Welt eine Ausstellung der Kunstwerke Allahs ﷻ ist. Überall kann man Sein Wirken und Seine Eigenschaften erkennen, wenn man denn will. So lässt beispielsweise El-Mumit im Herbst alle Bäume versterben und El-Muhyi erweckt sie im Frühjahr wieder zu neuem Leben. El-Basit haucht den Menschen zu Beginn ihres Daseins ihre Seelen ein und El-Qabit ergreift diese am Ende ihres Lebens. El-Melik ist in allen Arten der Herrschaft wiederzuerkennen, ob dies nun die Herrschaft des Vaters in der Familie, die Herrschaft des Firmenchefs in seinem Betrieb oder die Herrschaft des Präsidenten eines Landes ist. Die Eigenschaft El-Dschebbar findet sich bei allen Gewaltherrschern und die Eigenschaft El-Adl bei allen gerecht handelnden Personen wider. Diese Kette ließe sich noch weiter fortsetzen, denn fast alle Eigenschaften Allahs ﷻ spiegeln sich in Seiner Schöpfung wider.

Die Beschäftigung mit den Esma'ul Husna führt dazu, dass man eine größere Nähe zum Erhabenen Allah aufbaut. Dazu wollen wir ein Ereignis erzählen, das der große *Weli* Imam el-Quscheyri قدس سره erlebte: Eines Tages wollte Imam el-Quscheyri قدس سره die Grabstätte des berühmten *Weli* Ahmed el-Bedewi قدس سره in Ägypten besuchen. Er selbst war ein Anhänger von Imam Schadheli قدس سره, der dafür bekannt war, dass er sowohl auf der Wissensebene, als auch auf der Tasawwuf-Ebene die höchsten Stufen erlangt hatte. Als er dort angekommen war und seinen Besuch vollziehen wollte, kamen ihm ein paar seltsame Gedanken in den Kopf. Er dachte sich: „Obwohl Imam Schadheli قدس سره oder Imam

Bedewiقدس سره eine höhere Rangstufe einnimmt?! Und ob wohl auch Imam Bedewiقدس سره auf der Wissensebene etwas hinterlassen hat oder ob er bloß einer jener ist, der sehr hohe spirituelle Zustände erreicht hat?!“ Als er darüber nachdachte, bemerkte er, dass diese Art von Gedanken einem der größten Freunde Allahsﷻ gegenüber unangebracht war und dass diese Art seiner inneren Einstellung ein Ausdruck von schlechtem *Edeb* war. Deshalb verschob er seinen Besuch auf einen späteren Zeitpunkt und zog sich stattdessen in die Mesdschid neben der Grabstätte zurück. Dort gab es einen Innenhof, in dem sich das Grabmal von Seyyid Mudschahidقدس سره befand. Dieses Grabmal war mit schönen Holzpfosten verziert und Imam el-Quscheyri setzte sich dorthin und lehnte sich daran an, um sich ein bisschen auszuruhen und seine Gedanken zu reinigen. Was danach passierte schildert er uns in seinem Werk „Scherhu Esma'il Husna“: „Da schloss ich meine Augen und dachte mir: „*Subhane Allah!*“ Und in diesem Zustand bildete ich mir ein, dass ich mich in den Himmel emporhob, so dass ich über dem Innenhof schwebte. Da waren dann auf einmal einige Engel und ihr Anführer fragte mich:

„Was ist die Bedeutung von „*Subhane Allah*“?“
Ich antwortete ihm: „*Der Erhabene Allah ist frei von allen menschlichen Eigenschaften.*“
Da fragten die Engel (im Chor): „*Was ist dieses Freisein Allahs?*“
Ich antwortete ihnen: „*Dass Er einer ist und keine Teilhaber hat!*“
Sie fragten weiter: „*Wo ist Allah?*“
Ich antwortete: „*(Auf Allah bezogen) gibt es kein Wo!*“

Sie fragten weiter: „*Wie ist Allah?*"
Ich antwortete: „*(Auf Allah bezogen) gibt es kein Wie!*"
Sie fragten weiter: „*Kann man Allah geistig erfassen?*"
Ich antwortete: „*Der menschliche Geist kann Allah nicht erfassen!*"
Da sagten sie: „*Du verfügst über wenig Erkenntnis! Denn du beschreibst die Existenz Allahs, aber du schlägst nicht jene Pfade ein, die zu einer Verbindung mit Ihm führen!*"
Ich fragte: „*Auf welche Weise kann ich denn (Seine Pfade) einschlagen?*"
Sie antworteten: „*Wahrlich ist das Wesen eingehüllt in die Eigenschaften! Und wer nicht fest verwurzelt in der Erkenntnis der Eigenschaften des Erhabenen Allah ist, der wird zu keiner Zeit mit Ihm verbunden sein können. Weder im Diesseits noch im Jenseits! Und wahrlich ist die Erkenntnis im Diesseits die Grundlage für die Erkenntnis im Jenseits. Und jede menschliche (Seele) wird auf der Stufe ihrer Erkenntnis ergriffen werden, auf der sie sich (in der Stunde des Todes) befindet. Der Abd (Gottesdiener) beschäftigt sich solange – auf der Wissens- und Handlungsebene – mit der wahrhaftigen Erkenntnis der Eigenschaften des Erhabenen Allah und bereitet sich solange (mit diesem Wissen und Handeln) auf seine Reise (ins Jenseits) vor, bis ihm die Geheimnisse der Schriftblätter Ibrahims*عليه السلام *und Musas*عليه السلام *und der Zebur Dawuds*عليه السلام *und der Indschil Isas*عليه السلام *eingegeben werden. Und er wendet sich solange demjenigen Wissen zu, das sich mit den Eigenschaften des Erhabenen Allah im Quran beschäftigt und erforscht solange die Esma'ul Husna, bis er an einem Punkt angelangt ist, an dem den von uns Angesprochen (also Imam el-Quscheyri*قدس سره*) solch ein seelisches Vergnügen erfasst,*

das er nicht mit Worten beschreiben kann, wenn es ihn dann erst einmal erfasst hat!""[5]

Das *Du'a* mit den *Esma'ul Husna* ist äußerst wirkungsvoll und heilsam für den Bittenden. Der Erhabene Allah sagt zu Seinem Gesandten ﷺ im Edlen Quran:

> ***„Sprich: „Was würde sich euer Herr (wohl) um euch kümmern, wenn nicht euer Du'a wäre?"***[6]

Im *Tefsir* dazu heißt es, dass uns Allah ﷻ nur dazu erschaffen hat, damit wir Ihn um etwas bitten, auf dass Er uns beschenken kann und damit wir Ihn um Vergebung bitten, auf dass Er uns verzeihen kann.[7] Am nächsten kommt jener Mensch seinem Herrn, der seinen Standplatz kennt und Allah ﷻ in Demut und Hingabe im *Du'a* (Bittgebet) anruft. Am besten tut er dies, indem er seinen Herrn bei jenen Namen anruft, die sich Dieser Selbst gegeben hat und die Er uns im Edlen Quran und durch Seinen Propheten ﷺ mitgeteilt hat. Die *Du'as* in diesem Büchlein bieten dem Leser genug Gelegenheit dazu, sich dem Erhabenen Allah mit Seinen Schönen Namen im *Du'a* (Bittgebet) zuzuwenden.

---

5 Imam el-Quscheyri: „Scherhu Esma'il Husna", Beirut, 1986.
6 25. Sure: El-Furqan, Vers 77.
7 Vgl. Ebu Muhammed el-Huseyn Bin Mes'ud el-Beghawi: Me'alimu Tenzil: Tefsir zu El-Furqan, Vers77.

ANFANGSDU‘A:

Die göttliche Einheit bekennend,
Beginne ich, die Besmeleh nennend.

Und um dieses *Du'a* (Bittgebet) schön abzurunden,
Werde ich das Lob des Allmächtigen Herrn bekunden.

Ich bezeuge, dass es keinen Herrn außer dem einzigartigen Allah gibt.
Frei sprech ich Ihn, von allen Beschränkungen, die mir mein Verstand eingibt.

Der Ahmed[8] kam mit der göttlichen Wahrhaftigkeit zu uns,
Als Vorbild und Propheten entsandte Er ihn zu uns.

Nur wegen ihm wurde gerufen all das Dasein ins Leben
Vor ihm existierte nichts, sollt es kein irdisch‘ Leben geben.

Er lehrte uns all das Gute, das von Allah bekräftigt wird,
Er offenbarte uns all das Wissen, das zu Ansehen bei Allah führt.

Er enthüllte uns all die Vernunft, von der der Reichtum bei Allah herrührt,
Und all die Ergebenheit, durch die einem der Ehrenrang beim Erhabenen gebührt.

---

8 Ahmed ist der Hochgelobte. Dies ist einer der Namen des Gesandten Muhammedﷺ. Mit diesem Namen wurde er beispielsweise auch im Neuen Testament als kommender Prophet angekündigt.

Ruf Ihn an, bei Seinen höchsten Namen!
Und tu dies als ein Gebrochener im Zustand der
Zerknirschtheit, Nachdem du Ihm nahegekommen
bist durch deine Reinheit!

O Allah! Bei Deiner Wahrhaftigkeit bitte ich Dich
um Deinen raschen Beistand!

DIE ERKLÄRUNG DER 99 NAMEN DES ERHABENEN ALLAH UND DIE DAZUGEHÖRIGEN DU'AS (BITTGEBETE) DES ABDULQADIR GILANI قدس الله سره

الرَّحْمٰنُ

1. Er-Rahman (Dschelle Dschelalehu)

Bedeutung: Der Erbarmer. Der Barmherzige. Der Allerbarmer.

Erläuterung: Der Name Er-Rahman wird nur in Verbindung mit dem Erhabenen Allah verwendet. Seine Barmherzigkeit (*Rahmeh*) kommt allen Geschöpfen im Diesseits zugute.

„O Rahman! Bei Deiner Barmherzigkeit, die allumfassend ist.“

الرَّحِيمُ

2. Er-Rahim (Dschelle Dschelalehu)

Bedeutung: Der Erbarmer. Der Barmherzige.
Erläuterung: Die Barmherzigkeit Er-Rahims kommt nur den Gläubigen zugute. Sie zieht die ewige Glückseligkeit nach sich und ist auf das Jenseits bezogen.

„O Rahim! Sei mir liebevoll zugetan."

الْمَلِكُ

3. El-Melik (Dschelle Dschelalehu)

Bedeutung: Der König. Der Herrscher.
Erläuterung: El-Melik existiert unabhängig von allen Dingen, aber die Existenz aller Dinge hängt von Ihm ab. Sein Königreich erstreckt sich über die Himmel und die Erde und umfasst alle Dinge, die sich darin befinden. Alles Existierende unterliegt Seiner Herrschaftsgewalt und nichts und niemand kann sich Seiner Herrschaft entziehen.

„O Melikul Quddus! Heilige mein Geheimnis!"

القُدُّوسُ

4. El-Quddus (Dschelle Dschelalehu)

Bedeutung: Der Heilige.
Erläuterung: El-Quddus ist frei von allen Eigenschaften, die mit den Sinnen wahrnehmbar oder auf irgendeine Weise mit dem menschlichen Vorstellungsvermögen erfassbar sind.

„O Melikul Quddus! Heilige mein Geheimnis!"

السَّلَامُ

5. Es-Selam (Dschelle Dschelalehu)

Bedeutung: Der Heilbringende. Der Friedfertige. Der Unversehrte.

Erläuterung: Das Wesen Es-Selams ist frei von allen Mängeln, es ist vollkommen. Seine Eigenschaften sind frei von jeglichen Einschränkungen, sie sind unbeschränkt. Sein Tun ist frei von allem Schlechten, es ist jederzeit gut.

„O Selam! Und verschone mein Leben vor jeglicher Heimsuchung."

المؤمن

6. El-Mu’min (Dschelle Dschelalehu)

Bedeutung: Der Bürge. Der den Glauben Gewährende. Der Glaubwürdige.

Erläuterung: El-Mu’min gibt uns Sicherheit vor unseren Feinden und beschützt uns vor Unannehmlichkeiten, wie Kälte, Nässe, Hunger und Durst. Er bewahrt uns vor dem Höllenfeuer, indem Er uns Seine Einheit und die Prophetenschaft Seines Gesandten ﷺ bezeugen lässt und uns so zum *Mu’min* (Gläubigen) macht.

„O Mu‘min! Stelle mich unter (Deinen) sicheren Schutz.“

المهيمن

7. **El-Muheymin** (Dschelle Dschelalehu)

Bedeutung: Der Beschützer. Der Bewacher. Der Bezeugende.

Erläuterung: El-Muheymin ist der Erhalter aller Lebewesen. Er verleiht uns die Fähigkeit zu erkennen und zu handeln, Er versorgt uns mit unserem Lebensunterhalt, Er stellt uns unsere Lebenszeit zur Verfügung und Er gewährt uns Schutz.

„O Muheymin! Und verdecke (meine Sünden) mit dem Mantel (Deiner) Gutmütigkeit.“

العزيز

8. El-Aziz (Dschelle Dschelalehu)

Bedeutung: Der Erhabene. Der Mächtige. Der Siegreiche. Der Dominierende.

Erläuterung: El-Aziz vereint drei Eigenschaften in sich: Er vermindert die Anzahl von Seinesgleichen auf ein Minimum (Er ist Einer!), Er steigert das Bedürfnis der Lebewesen nach Seiner Hilfe und Er macht es dem Menschen schwer, sich Ihm zu nähern.

„O Aziz! Entferne alle Schändlichkeit von meinem Wesen."

الجبّار

9. El-Dschebbar (Dschelle Dschelalehu)

Bedeutung: Der Gewaltige. Der Mächtige. Der Starke. Der Bezwinger. Der Beistand.
Erläuterung: El-Dschebbar beherrscht alles und wird von nichts beherrscht. Er zwingt allem Seinen Willen auf und nichts kann Ihm seinen Willen aufzwingen.

„O Dschebbar! Bei Deiner Macht! Beschütze mich vor allen Schwierigkeiten.“

المتكبر

10. El-Mutekebbir (Dschelle Dschelalehu)

Bedeutung: Der Majestätische. Der Königliche. Der Hoheitsvolle. Der Stolze.

Erläuterung: El-Mutekebbir ist derjenige, der mit Stolz auf alle Lebewesen herabblickt, weil Er stark und vollkommen, sie aber schwach und unfähig sind. Da nur Er vollkommen ist, steht es nur Ihm zu, stolz zu sein; der Stolz des Menschen hingegen ist äußerst tadelnswert.

„O Mutekebbir! Und erniedrige meine Feinde[9] allesamt.“

9 Mit Feinde sind hier nicht nur die physischen Feinde des Menschen gemeint, sondern vor allem auch seine spirituellen Feinde, also seine eigene Triebseele und der verfluchte Scheytan.

الخالق

11. **El-Khaliq** (Dschelle Dschelalehu)

Bedeutung: Der Erschaffer. Der Schöpfer.
Erläuterung: El-Khaliq stattet alle Dinge mit ihren Fähigkeiten aus und bestimmt darüber, welche Materialien in welcher Mischung und in welcher Menge bei ihrer Erschaffung Verwendung finden. El-Khaliq verleiht also allen Dingen Substanz und Potential.

„O Khaliq! Halte mich fern von allem Schlechten."

البَارِئُ

12. El-Bari (Dschelle Dschelalehu)

Bedeutung: Der Urheber. Der Erschaffer.
Erläuterung: El-Bari ist der Urheber aller Dinge. Er erschafft sie aus dem Nichts und bringt sie ins Dasein. Dazu zählen auch all Seine Wohltaten.

„O Bari! O Erschaffer aller Gnadengaben! Vermehre den Fluss Deiner Wohltaten.“

المُصَوِّرُ

13. El-Musawwir (Dschelle Dschelalehu)

Bedeutung: Der Formgebende. Der Gestaltgebende. Der Gestalter.

Erläuterung: El-Musawwir hat die Himmel, die Erde, die Gestirne, die Gewässer, die Berge und überhaupt alle Dinge in vollkommener Weise angeordnet und ihnen ihren Platz zugewiesen. Genauso hat Er auch die Menschen auf schönste Weise gestaltet und ihnen ihren Platz in dieser Welt zugewiesen.

„O Musawwir! Den (Fluss Deiner Wohltaten), den Du uns zuvor vergönnt hast.“

الغفّار

14. **El-Ghaffar** (Dschelle Dschelalehu)

Bedeutung: Der Vergebende. Der Nachsichtige. Der Verzeihende.

Erläuterung: El-Ghaffar enthüllt alles Schöne und verbirgt alles Hässliche: Er verbirgt die Hässlichkeit des Menschen unter Haut und Haaren. Er verbirgt seine hässlichen Gedanken vor den anderen Menschen. Er verbirgt seine Sünden, wenn er sich Ihm reumütig zuwendet, Er verzeiht diese und tilgt diese nicht nur aus dem Buch der Taten, sondern ersetzt sie durch gute Taten!

„O Ghaffar! Meine ganze Hoffnung ruht auf Dir. Darum nimm meine Reue an.“

القهّار

15. El-Qahhar (Dschelle Dschelalehu)

Bedeutung: Der Allmächtige. Der Gewaltige. Der Beherrschende. Der Bezwinger.

Erläuterung: El-Qahhar bricht das Rückgrat der Tyrannen und Hochmütigen, indem Er ihnen das Leben nimmt oder sie erniedrigt. Alle Dinge in den Himmeln und auf Erden stehen unter Seiner Herrschaft und sind Ihm dienstbar, ob sie es wollen oder nicht.

„O Qahhar! Lass sich meinen Teufel wegen Deiner Allgewalt enttäuscht von mir abwenden."

الوَهَّابُ

16. El-Wehhab (Dschelle Dschelalehu)

Bedeutung: Der Schenkende. Der Freigiebige. Der Großzügige. Der Schenkfreudige.
Erläuterung: El-Wehhab ist uneigennützig und gibt aus freien Stücken. Dabei erwartet Er keine Gegenleistung und verfolgt keine Eigeninteressen.

„O Wehhab! Beschenke mich mit Wissen und Weisheit."

الرَّزَّاقُ

17. Er-Razzaq (Dschelle Dschelalehu)

Bedeutung: Der Versorger. Der Ernährer. Der Verpfleger. Der Spender des Lebensunterhalts.

Erläuterung: Er-Razzaq ist der Erschaffer des Lebensunterhalts (*Rizq*) und jener, die den Lebensunterhalt von Ihm erhalten. *Rizq* ist nicht nur Nahrung, die Luft zum Atmen und alles, was den Körper am Leben erhält, sondern auch Wissen, *Marifeh* (Gotteserkenntnis) und die Offenbarung der göttlichen Geheimnisse. So ist *Rizq* also sowohl die Nahrung des Körpers als auch die Nahrung des Herzens.

„O Razzaq! Und erleichtere mir (den Erwerb) meines Lebensunterhalts.“

الفتّاح

18. El-Fettah (Dschelle Dschelalehu)

Bedeutung: Der Richter. Der Eröffner. Der Eroberer. Der Triumphator.

Erläuterung: El-Fettah lässt uns Seine Fürsorge zuteilwerden, indem Er uns die Türen zu verschlossenen Welten öffnet und Er lässt uns Seine Rechtleitung zuteilwerden, indem Er uns den Sinn der zweifelhaften Dinge erkennen lässt.

„O Fettah! Erleuchte meine Erkenntnis durch Deine Offenbarung.“

العَلِيمُ

19. El-Alim (Dschelle Dschelalehu)

Bedeutung: Der Wissende. Der Allwissende.
Erläuterung: Das Wissen von El-Alim ist grenzenlos. Er kennt alle verborgenen und alle offensichtlichen Dinge von ihrer Erschaffung bis zu ihrem Vergehen.

„O Alim! Und gib mir Wissen aus Deinem Überfluss.“

القَابِضُ

20. El-Qabid (Dschelle Dschelalehu)

Bedeutung: Der Ergreifende. Der Inbesitznehmende. Der Bedrückende. Der Beklemmende.

Erläuterung: El-Qabid ergreift die Seelen aller Lebewesen bei ihrem Tode. Er engt die Reichen ein, indem er die Armensteuer von ihnen nimmt und Er engt die Armen ein, indem Er ihnen solange ihren Unterhalt verringert, bis sie keine Kraft mehr haben. Er ergreift die Herzen und engt sie solange ein, bis in ihnen ein Gefühl der Beklemmung aufkommt.

„O Qabid! Bedrücke die Herzen aller Aufsässigen mit Beklemmung."

الْبَاسِطُ

21. El-Basit (Dschelle Dschelalehu)

Bedeutung: Der Ausbreitende. Der reichlich Versorgende. Der Gewährende.

Erläuterung: El-Basit spendet den Lebewesen Leben, indem Er ihnen ihren Lebensgeist (also ihre Seele) einhaucht. Er versorgt die Armen mit so viel *Rizq*, dass sie überleben können und Er versorgt die Reichen mit so viel *Rizq*, dass sie im Überfluss leben können. Er weitet die Herzen und erfüllt sie mit Güte, Mitgefühl und Schönheit.

„O Basit! Und gewähre mir Zugang zu Deinen höchsten Geheimnissen."

الخافض

22. El-Khafid (Dschelle Dschelalehu)

Bedeutung: Der Erniedrigende. Der Demütigende.
Erläuterung: El-Khafid demütigt die Ungläubigen und stürzt sie ins Unglück. Er erniedrigt Seine Feinde, indem Er sie sich von Ihm entfernen lässt. Wer seinen Blick nur auf die irdischen Dinge lenkt und dieselben Begehrlichkeiten hegt, wie die Tiere, den wirft Er in seinem Rang noch unter die Rangstufe der Tiere hinab.

„O Khafid! Vermindere den Stellenwert eines jeden Heuchlers.“

الرَّافِعُ

23. **Er-Rafi** (Dschelle Dschelalehu)

Bedeutung: Der Erhöhende. Der Emporhebende. Der Beförderer.

Erläuterung: Er-Rafi erhöht die Gläubigen und führt sie zur Glückseligkeit. Er erhöht die *Ewliya* (Freunde des Erhabenen Allah), indem Er sie sich Ihm nähern lässt. Wer seinen Blick von den irdischen Dingen und weltlichen Trugbildern und sein Wollen von den getadelten Begierden abwendet, den hebt Er über die Rangstufe der Engel empor.

„O Rafi! Bitte erhöhe mich durch Deine Barmherzigkeit.“

المُعِزُّ

24. El-Mu'izz (Dschelle Dschelalehu)

Bedeutung: Der Würdigende. Der Ehrende. Der Würde Verleihende. Der Ehre Verleihende.
Erläuterung: El-Mu'izz gibt die Macht wem Er will und nimmt die Macht, wem Er will. Von dem Genügsamen hebt Er den Schleier des Herzens. Er macht ihn unabhängig von anderen Geschöpfen, mehrt seine Kraft und seinen Anstand und lässt ihn seine verdorbene Triebseele überwinden. Danach verleiht Er ihm Macht und Würde im Diesseits, einen hohen Rang und Nähe zu Ihm im Jenseits.

„O Mu'izz! Ich bitte Dich um Ehre, o Du, Der Du die Ehre jenen gibst, die sie verdienen."

المذل

25. **El-Mudhill** (Dschelle Dschelalehu)

Bedeutung: Der Erniedrigende. Der Herabwürdigende. Der Demütigende.
Erläuterung: Wer seine Begehrlichkeiten auf die irdischen Dinge richtet, den macht El-Mudhill abhängig von anderen Menschen und lässt seine Begierden über ihn herrschen, bis ihm das Ausreichende nicht mehr ausreicht. Er spiegelt ihm Trugbilder vor, bis er sich von seiner Triebseele betrügen lässt, auf dass er in der Dunkelheit seiner Unwissenheit gefangen bleibt. Danach erniedrigt Er ihn und nimmt ihm all seine Macht und all seine Kraft.

„O Mudhill! Und erniedrige die Ungerechten, indem Du sie vorführst.“

السَّمِيعُ

26. Es-Semi (Dschelle Dschelalehu)

Bedeutung: Der Hörende. Der Allhörende.
Erläuterung: Es-Semi hört jeden noch so leisen Ton. Dazu benötigt Er kein Gehör und keine anderen Hilfsmittel. Er hört das Lob des Lobenden und belohnt diesen dafür und Er hört das Du'a (Bittgebet) des Bittenden und erhört seine Bitten.

„O Semi! Es reicht mir aus zu wissen, dass Du (über meinen Zustand) Bescheid weißt.“

البصير

27. El-Basir (Dschelle Dschelalehu)

Bedeutung: Der Sehende. Der Allsehende.
Erläuterung: El-Basir sieht jede noch so winzige Sache und bezeugt alle Handlungen Seiner Geschöpfe. Dazu benötigt Er keine Sehorgane und keine anderen Hilfsmitteln.

„O Basir! Deshalb sieh auf meinen Zustand, behebe (meine Mängel) und erhöre (meine Du'as (Bittgebete)).

العَدْلُ

28. El-Adl (Dschelle Dschelalehu)

Bedeutung: Der Gerechte. Der Rechtschaffene. Der Rechtschaffende.

Erläuterung: El-Adl ordnete das Universum und teilte allen Dingen darin ihren Platz zu. So verhält es sich mit allen Dingen: Gerecht ist, wenn alles an seinem vorherbestimmten Platz ist. El-Adl ist also der Ordnende und Ordnungsschaffende, der allen Dingen ihren Platz zuweist.

„O Adl, o Latif, o Hakem! Du bist der Gerechte und der Feinfühlige zu Deinen Geschöpfen."

اللَّطِيفُ

29. El-Latif (Dschelle Dschelalehu)

Bedeutung: Der Feinsinnige. Der Feinfühlige. Der Gütige. Der Milde. Der Unfassbare.
Erläuterung: El-Latif kennt die feinsten Feinheiten aller Dinge. Er handelt mit Milde, Güte und Nachsicht und nimmt die Dinge mit äußerstem Feingefühl und Feinsinn wahr.

„O Adl, o Latif, o Hakem! Du bist der Gerechte und der Feinfühlige zu Deinen Geschöpfen."

الحكم

30. El-Hakem (Dschelle Dschelalehu)

Bedeutung: Der Richter. Der Schiedsrichter.
Erläuterung: El-Hakem ist der oberste Richter. Er richtet über alle Dinge. Nichts entgeht Seinem Urteil und niemand kann Seinen Richterspruch zurückweisen. Wer sich Ihm mit guten Taten nähert, wird mit dem Paradies belohnt und wer sich von Ihm in Ungehorsam entfernt, wird mit dem Höllenfeuer bestraft.

„O Adl, o Latif, o Hakem! Du bist der Gerechte und der Feinfühlige zu Deinen Geschöpfen.“

الخبير

31. El-Khabir (Dschelle Dschelalehu)

Bedeutung: Der Weise. Der Kundige.
Der das Verborgene Kennende.
Erläuterung: El-Khabir hat von allen Dingen Kunde, egal ob diese offen oder verborgen, materiell oder immateriell, in Bewegung oder im Ruhezustand sind.

„O Khabir! Du kennst alles, was sich im Verborgenen und alles, was sich im Offenen abspielt.“

الحليم

32. El-Halim (Dschelle Dschelalehu)

Bedeutung: Der Milde. Der Sanftmütige. Der Nachsichtige. Der Langmütige. Der Behutsame.

Erläuterung: El-Halim betrachtet den Ungehorsam und die Auflehnung der Menschen, ohne dass Er sich dabei von Seinem Zorn und Seinen Rachegelüsten dazu verleiten lässt, die verdiente Strafe sofort zu vollstrecken. So schiebt Er die verdiente Bestrafung auf und lässt den Menschen somit Zeit, ihre Fehler und Sünden zu bereuen und wiedergutzumachen.

„O Halim! Deine Sanftmut ist mein Bestreben und meine Stütze.“

العظيم

33. El-Adhim (Dschelle Dschelalehu)

Bedeutung: Der Erhabene. Der Gewaltige. Der Allgewaltige. Der Große.

Erläuterung: Das Wesen, die Eigenschaften und die Taten von El-Adhim haben keine Grenzen. Sein volles Ausmaß ist für den menschlichen Verstand nicht begreifbar und für das menschliche Vorstellungsvermögen nicht fassbar, denn Er ist der Allgewaltige, der Übergroße, der Grenzenlose.

„O Adhim! Das Ausmaß Deiner Großmut ist allüberragend.“

الغفور

34. El-Ghafur (Dschelle Dschelalehu)

Bedeutung: Der Vergebende. Der Verzeihende. Der Allvergebende.

Erläuterung: El-Ghafur vergibt aus Seiner Großmut und Seiner Güte heraus die Sünden der Sünder vollständig. So ist El-Ghafur Jener, Der die Sünden der Sünder vollständig vergibt und El-Ghaffar ist Jener, Der die Sünden der Sünder immer und immer wieder vergibt

---

„O Ghafur! Du verzeihst die Fehltritte aller Sünder und deckst diese zu.“

الشَّكُور

35. Esch-Schekur (Dschelle Dschelalehu)

Bedeutung: Der sich erkenntlich Zeigende.
Der großzügig Vergeltende.

Erläuterung: Esch-Schekur belohnt die Gläubigen schon für geringste Bemühungen auf dem Wege Allahs mit der Erhöhung um viele Rangstufen und Er belohnt die Gehorsamstaten, die sie in den wenigen Tagen ihres irdischen Daseins vollbringen, mit den ewigen und grenzenlosen paradiesischen Freuden.

„O Schekur! Du zeigst Dich Deinen Freunden gegenüber erkenntlich. Vereinige uns mit Deinen geliebten Freunden."

العلي

36. El-Aliyy (Dschelle Dschelalehu)

Bedeutung: Der Hohe. Der Erhabene.
Der Hocherhabene.

Erläuterung: El-Aliyy ist der Ursprung und die Ursache aller Ränge und Rangstufen und nimmt Selbst den höchsten Rang ein.

„O Aliyy! Wahrlich hast du den Rang Deines Geliebten (Muhammedﷺ) erhöht."

الْكَبِيرُ

37. El-Kebir (Dschelle Dschelalehu)

Bedeutung: Der Große.
Erläuterung: Die Größe von El-Kebir äußert sich darin, dass Er der Besitzer eines vollkommenen Wesens ist. Sein Dasein ist vollkommen. Er existiert seit jeher und wird bis in alle Ewigkeit fortbestehen und Er ist der Ursprung allen Daseins.

„O Kebir! Reichlich ist Dein Gutes und zahlreich sind Deine Wohltaten."

الحفيظ

38. El-Hafidh (Dschelle Dschelalehu)

Bedeutung: Der Bewahrer. Der Erhalter. Der Behüter. Der Beschützer. Der Bewacher.

Erläuterung: El-Hafidh ist der Erhalter der Himmel und der Erde und aller Geschöpfe, die sich darin befinden. Er legt ihre Fristen fest und sorgt dafür, dass sich Hitze und Kälte, Feuer und Wasser, Trockenheit und Feuchtigkeit in ihrem Inneren im richtigen Verhältnis befinden. Auf diese Weise hält Er die Körper am Leben und sichert den Lauf der Welt.

„O Hafidh! Nichts entzieht sich Deinem Wissen."

المقيت

39. El-Muqit (Dschelle Dschelalehu)

Bedeutung: Der Versorger. Der Verpfleger. Der Versorgende. Der Ernährer.

Erläuterung: El-Muqit ernährt die Körper der Lebewesen mit allen lebenswichtigen Substanzen und die Herzen der Menschen mit Wissen, Erkenntnis und Fähigkeit.

„O Muqit! Du versorgst die niedrigsten und die höchsten der Geschöpfe mit ihrem Unterhalt.“

الحسيب

40. El-Hasib (Dschelle Dschelalehu)

Bedeutung: Der Genügende. Der Zufriedenstellende. Der Hochgeschätzte.

Erläuterung: El-Hasib genügt Sich Selbst. Er steht bei niemandem in der Schuld, aber alle Geschöpfe stehen in Seiner Schuld: Ihre Existenz hängt von Seiner Existenz, ihr Bestand von Seiner Beständigkeit und ihr Fortkommen von Seiner Vollkommenheit ab. Alle Dinge haben ihren Ursprung in Ihm und daher sollte man nur auf Ihn vertrauen.

„O Hasib! Dein Richtspruch genügt mir. Sei der Sachwalter über meine Angelegenheiten."

الجليل

41. **El-Dschelil** (Dschelle Dschelalehu)

Bedeutung: Der Majestätische. Der Hoheitsvolle. Der Erhabene. Der Herrschaftliche.

Erläuterung: El-Dschelil ist der Majestätische, Der vollkommen in Seinen Eigenschaften ist und alle vollkommen Eigenschaften, wie Wissen, Fähigkeit, Unabhängigkeit, Herrschaft, Macht und Heiligkeit in sich vereint. El-Dschelil ist also vollkommen in Seinen vollkommenen Eigenschaften, El-Kebir ist vollkommen in Seinem vollkommenen Wesen, und El-Adhim ist vollkommen in Seinem vollkommenen Wesen und in Seinen vollkommenen Eigenschaften.

„O Dschelil! Lass Strafe über meine Widersacher kommen."

الكريم

42. El-Kerim (Dschelle Dschelalehu)

Bedeutung: Der Großzügige. Der Gütige. Der Wohltätige. Der Ehrwürdige. Der Edle.
Erläuterung: El-Kerim vollstreckt, was Er beschließt und Er erfüllt, was Er verspricht. Wenn Er gibt, dann erfüllt Er alle Erwartungen. Egal wie viel Er auch gibt, dies verringert Seinen Reichtum nicht. Egal wem Er auch gibt, dies schmälert Seinen Rang nicht. Er lässt niemanden zugrundegehen, der sich an Ihn hält und bei Ihm Schutz sucht.

„O Kerim! O Allah! Du bist ehrwürdig, so würdige meine Begabungen!“

الرقيب

43. Er-Raqib (Dschelle Dschelalehu)

Bedeutung: Der Beobachter. Der Überwachende. Der Wächter. Der Bewacher.
Erläuterung: Er-Raqib ist der Wissende und der Behütende. Er beobachtet die gesamte Schöpfung und ist dabei niemals unachtsam.

„O Raqib! Und wirf meine Feinde zu Boden."

المجيب

44. El-Mudschib (Dschelle Dschelalehu)

Bedeutung: Der Erhörende. Der Gewährende. Der die *Du'as* (Bittgebete) Beantwortende. Der Stattgebende.

Erläuterung: El-Mudschib hilft den Bittenden, beantwortet ihre Du'as (Bittgebete) und lindert ihre Not. Er erweist ihnen Seine Wohltaten, gewährt ihnen ihren Lebensunterhalt und macht ihnen ihr Dasein leicht, noch bevor sie Ihn darum bitten, denn Er kennt die Bedürfnisse der Menschen, noch bevor sie Ihn anrufen.

„O Mudschib! Ich rufe Dich an, o mein Herr! Du erhörst die Du'as (Bittgebete) jener, die Dich anrufen."

الْوَاسِعُ

45. **El-Wasi** (Dschelle Dschelalehu)

Bedeutung: Der Weitreichende. Der Allumfassende. Der Universale. Der Grenzenlose. Der Großzügige.
Erläuterung: El-Wasi ist allumfassend und grenzenlos. Zu dieser Eigenschaft zählen auch Seine zahllosen guten Werke, Seine grenzenlose Großzügigkeit, Seine Allwissenheit und der Fluss Seiner Wohltaten, den Er für die Menschen vorherbestimmt hat und den Er ihnen zukommen lässt.

„O Wasi! Du bist Derjenige, der seit jeher den Völkern Seine Wohltaten in Hülle und Fülle bereitstellt.“

الحكيم

46. El-Hakim (Dschelle Dschelalehu)

Bedeutung: Der Weise. Der Allweise.
Erläuterung: El-Hakim verfügt über vollkommene Erkenntnis von allen Dingen und über allumfassendes Wissen über die komplexesten Vorgänge und Zusammenhänge in den Himmeln und auf Erden.

„O Hakim! O Allah! Du bist der weise Urteilende. Urteile Du über die Taten, die von mir bezeugt sind."

الودود

47. El-Wedud (Dschelle Dschelalehu)

Bedeutung: Der Liebende. Der Liebevolle.
Der Freundliche. Der Fürsorgliche.
Erläuterung: El-Wedud will das Gute für alle Geschöpfe, tut Ihnen Gutes und lobt sie. Im Gegensatz zu Er-Rahman entspringen die Wohltaten und Großzügigkeiten, die El-Wedud den Menschen entgegenbringt, nicht Seiner Barmherzigkeit, sondern Seiner Liebe.

„O Wedud! Möge sich Deine Liebe in mir festsetzen."

المجيد

48. El-Medschid (Dschelle Dschelalehu)

Bedeutung: Der Hochgepriesene. Der Glorreiche. Der Ruhmreiche. Der Ruhmvolle. Der Großmütige. Der Gütige. Der Gnädige.

Erläuterung: El-Medschid verfügt über ein nobles und hochgepriesenes Wesen. Sein Handeln ist jederzeit schön und Er gibt reichhaltig von Seinen Gaben. El-Medschid vereinigt die Eigenschaften von El-Dschelil, El-Wehhab und El-Kerim in sich.

„O Medschid! So gib mir einen Ehrenrang bei Dir und Glückseligkeit und die Nähe zu Dir.“

الْبَاعِثُ

49. El-Ba'ith (Dschelle Dschelalehu)

Bedeutung: Der zum Leben Erweckende. Der Wiedererweckende. Der (das *Rizq*) Entsendende.
Erläuterung: El-Ba'ith ist Derjenige, Der die Lebewesen am Tage der Versammlung wieder zum Leben erweckt, sie aus ihren Gräbern hervorbringt und hervorholt, was sich in ihren Herzen verbirgt.

„O Ba'ith! Schick mir rasch Deine Heerscharen zu meiner Unterstützung."

الشَّهِيدُ

50. Esch-Schehid (Dschelle Dschelalehu)

Bedeutung: Der Zeuge. Der Bezeugende.
Der Allbezeugende.
Erläuterung: Esch-Schehid ist El-Alim sehr ähnlich: El-Alim kennt alle offenen und alle verborgenen Dinge, Esch-Schehid ist Zeuge von allen offenkundigen Dingen und El-Khabir ist Zeuge von allen verborgenen Dingen.

„O Schehid! Du bist der Zeuge über alle Angelegenheiten! Gestalte meine Lebensumstände angenehm!“

الْحَقُّ

51. El-Haqq (Dschelle Dschelalehu)

Bedeutung: Der Wahre. Der Wahrhaftige.
Der Wirkliche.

Erläuterung: El-Haqq existiert unabhängig von allen Dingen, die Existenz aller Dinge hängt aber von Ihm ab. Seiner Wahrhaftigkeit entstammt jede Wahrheit und jede Wirklichkeit. Er ist der einzig Wahre, der Unteilbare, der Unveränderliche, der Ewigbestehende, der Unvergängliche. Darum heißt es im Edlen Quran: *„Alle Dinge vergehen, nur Sein Antlitz bleibt bestehen."*
(28. Sure: El-Qasas, Vers 88)

„O Haqq! O Quell aller Quellen! Gewähre mir Zugang zu den Quellen (Deiner Segnungen)."

الوكيل

52. El-Wekil (Dschelle Dschelalehu)

Bedeutung: Der Treuhänder. Der Bürge. Der Garant. Der Hüter. Der Erhalter. Der Verteidiger.

Erläuterung: El-Wekil besitzt uneingeschränkte Vollmacht über alle Dinge und Er ist der Treuhänder aller Herzen. Er ist der Erhalter der Himmel und der Erde und alles was sich darin befindet. Er ist der Weltenlenker und das Geschick aller Lebewesen hängt von Ihm ab.

„O Wekil! O Allah! Decke meinen täglichen Bedarf.“

القوي

53. El-Qawiyy (Dschelle Dschelalehu)

Bedeutung: Der Starke. Der Kräftige. Der Kraftvolle.
Erläuterung: El-Qawiyy besitzt die Macht, die Kraft und die Fähigkeit Seinen Willen jederzeit gegen alle Widerstände so durchzusetzen, wie Er es will. Er ist zu allem fähig!

„O Qawiyy! Zu wissen, dass Du die Vollmacht über alle Dinge besitzt, reicht aus."

المتين

54. El-Metin (Dschelle Dschelalehu)

Bedeutung: Der Standhafte. Der Unbeugsame. Der Unerschütterliche. Der Widerstandsfähige. Der Starke. Der Kräftige.

Erläuterung: El-Metin verfügt Selbst über unbeschränkte Kraft und verleiht allen Dingen ihre Kraft.

„O Metin! Und stärke mich in meiner Schwäche, indem Du mich kraftvoll und fähig machst!"

الوليّ

55. El-Weliyy (Dschelle Dschelalehu)

Bedeutung: Der Freund. Der Nahe. Der Beschützer. Der Helfer. Der Verwalter.

Erläuterung: El-Weliyy liebt die Menschen und steht ihnen bei. Er hindert die offenen Feinde und die verdeckten Feinde (also die Triebseele und den Teufel) des Glaubens an ihrem Tun und hilft Seinen Freunden.

„O Weliyy! Hilf jenen, die Dich aus der Abgeschiedenheit heraus anrufen."

الحميد

56. El-Hamid (Dschelle Dschelalehu)

Bedeutung: Der Gelobte. Der Gepriesene. Der Lobenswerte. Der Rühmenswerte.

Erläuterung: El-Hamid ist der Gelobte, Der Sich Selbst seit jeher und bis in alle Ewigkeit rühmt und Den Seine Diener fortwährend lobpreisen, indem sie Seiner gedenken.

„O Hamid! O Herr! Ich lobpreise Dich, indem ich Deine Einheit und Deine Einzigartigkeit bekunde.“

المحصي

57. El-Muhsi (Dschelle Dschelalehu)

Bedeutung: Der Zählende. Der Rechnungsführer. Der Rechnende. Der Anrechnende.

Erläuterung: El-Muhsi weiß über alle Handlungen der Lebewesen Bescheid. Er zählt diese Handlungen, bewertet sie, rechnet sie zusammen und bewahrt sie bei Sich auf.

„O Muhsi! Verbessere die Fehler der Menschen."

المبدئ

58. El-Mubdi (Dschelle Dschelalehu)

Bedeutung: Der Hervorbringende.
Der Erschaffer. Der Schöpfer.
Der am Anfang (aller Dinge) Stehende.
Erläuterung: El-Mubdi erschafft alle Dinge aus dem Nichts und bringt sie ins Dasein. Er ist der Ursprung aller Dinge und Er steht am Anfang aller Dinge.

„ O Mubdi! O Allah! Eröffne mir den Sieg und leite mich recht.“

المُعِيدُ

59. El-Mu'id (Dschelle Dschelalehu)

Bedeutung: Der Wiederherstellende.
Der Wiedererstehenlassende.
Erläuterung: El-Mu'id stellt alle Lebewesen am Tage der Versammlung wieder her, lässt sie auferstehen, versammelt sie und lässt sie auf diese Weise zu Sich zurückkehren.

„O Mu'id! Du rufst die Dinge ins Dasein zurück, nachdem sie zugrundegehen oder vergehen."

المحيي

60. El-Muhyi (Dschelle Dschelalehu)

Bedeutung: Der Lebendigmachende. Der ins Leben Rufende. Der das Leben Spendende. Der (die Toten) wieder ins Leben Zurückrufende.
Erläuterung: El-Muhyi ist Derjenige, Der allen Lebewesen ihr Leben schenkt.

„O Muhyi! Ich bitte Dich um ein Leben, das leicht und glücklich vonstattengeht."

المميت

61. El-Mumit (Dschelle Dschelalehu)

Bedeutung: Der Versterbenlassende. Der Tötende. Der das Leben Nehmende.

Erläuterung: El-Mumit ist Derjenige, Der allen Lebewesen das Leben nimmt.

„O Mumit! Nimm rasch das Leben der Feinde meiner Religion.“[10]

10 Mit Feinde der Religion sind nicht nur die physischen Feinde des Menschen gemeint, sondern vor allem auch seine spirituellen Feinde, also seine eigene Triebseele und der verfluchte Scheytan.

الحيّ

62. El-Hayy (Dschelle Dschelalehu)

Bedeutung: Der Lebendige.
Erläuterung: El-Hayy ist der Lebendige, der Handelnde und der Bewusste. Jedes Handeln und jede Bewusstheit der Geschöpfe ist Seinem Handeln und Seinem Bewusstsein untergeordnet. Keine Wahrnehmung entzieht sich Seiner Wahrnehmung, keine Handlung Seinem Tun und kein Gedanke Seinem Wissen.

„O Hayy! Belebe mein totes Herz durch das immerwährende Gedenken an Dich.“

الْقَيُّومُ

63. **El-Qayyum** (Dschelle Dschelalehu)

Bedeutung: Der Beständige. Der Ewige. Der Aufrechterhaltende. Der Bewahrende. Der Bestehenlassende.

Erläuterung: El-Qayyum genügt sich Selbst. Er existiert seit jeher und bis in alle Ewigkeit unabhängig von Raum und Zeit, irgendwelchen anderen äußeren Rahmenbedingungen oder anderen Wesen. Er besteht bis in alle Ewigkeit in Unabhängigkeit fort.

***„O Qayyum! Und bewahre die Verbindung meines Geheimnisses zu Dir bis in alle Ewigkeit aufrecht.“*[11]**

11 Wörtlich heißt es: „Und sei Der, Der mein Geheimnis verbindend aufrechterhält.“ Wir meinen, dass hier eine Verbindung des Geheimnisses des Gläubigen mit dem Erhabenen Allah beabsichtigt ist. Und Allah weiß es besser!

الْوَاجِدُ

64. El-Wadschid (Dschelle Dschelalehu)

Bedeutung: Der Vorfindende. Der Antreffende. Der Unabhängige.

Erläuterung: El-Wadschid ist der Bedürfnislose und der Besitzer eines vollkommenen Wesens. Es ist nichts in Seinen Eigenschaften vorzufinden, was nicht auch in Seinem Wesen vorzufinden wäre. Ihm fehlt es an nichts.

„O Wadschid! O Ursprung des göttlichen Lichts! Erfülle mich mit Freude."

الْمَاجِدُ

65. El-Madschid (Dschelle Dschelalehu)

Bedeutung: Der Gepriesene. Der Hochgepriesene. Der Ruhmvolle. Der Ruhmreiche. Der Großmütige. Der Großzügige. Der Gütige.

Erläuterung: El-Madschid verfügt über dieselben Eigenschaften wie El-Medschid, außer dass bei El-Medschid diese Eigenschaften noch ausgeprägter sind, als bei El-Madschid.

„O Madschid! O Spender des göttlichen Lichts! Sei mir eine Stütze."

الْوَاحِدُ

66. El-Wahid (Dschelle Dschelalehu)

Bedeutung: Der Eine. Der Einzige. Der Einzigartige.
Erläuterung: El-Wahid ist unteilbar und nicht vervielfältigbar und nichts und niemand ist Ihm gleich.

„O Wahid! Du bist allgegenwärtig. Nichts existiert neben Dir.“

الصَّمَدُ

67. Es-Samed (Dschelle Dschelalehu)

Bedeutung: Der Absolute. Der Undurchdringliche. Die Erstursache.

Erläuterung: Es-Samed ist Derjenige, von Dem alles abhängt und Der von nichts abhängig ist. Alle Lebewesen wenden sich Ihm zu und decken ihren Bedarf durch Ihn.

„O Samed! Auf Dir beruhen die Existenz und die Erhabenheit aller Dinge.“

القَادِرُ

68. El-Qadir (Dschelle Dschelalehu)

Bedeutung: Der Mächtige. Der Allmächtige. Der Fähige, Der zu allem fähig ist.

Erläuterung: El-Qadir besitzt die uneingeschränkte Fähigkeit zur Durchsetzung Seiner Macht. Er ist Derjenige, der etwas macht, wenn Er es will und Der etwas unterlässt, wenn Er es nicht will. Er ruft alle Dinge ohne fremde Hilfe ins Dasein.

„O Qadir! O Besitzer der Kraft! Vernichte unsere Feinde!“

الْمُقْتَدِرُ

69. El-Muqtedir (Dschelle Dschelalehu)

Bedeutung: Der Gewaltige. Der Mächtige.
Erläuterung: El-Muqtedir besitzt dieselben Eigenschaften wie El-Qadir, nur in noch ausgeprägterer Form.

„O Muqtedir! Verhänge über unsere Neider großes Unheil."

المُقَدِّم

70. **El-Muqaddim** (Dschelle Dschelalehu)

Bedeutung: Der Voranstellende.
Erläuterung: El-Muqaddim erlaubt es Seinen Dienern sich Ihm zu nähern. Wer sich Ihm nähert, der wird von Ihm vorangestellt. So stellte Er die Propheten und die *Ewliya* (Freunde Allahs) in ihrer Nähe zu Ihm und ihrer Rechtleitung den anderen Menschen voran.

„O Muqaddim! Und stelle mein Geheimnis[12] voran."

12 Das Geheimnis: Im arabischen Originalwortlaut: Das Sirr. Wahrscheinlich ist hier der Punkt im Körper des Menschen gemeint, an dem die göttliche Erkenntnis stattfindet. Dann hieße es: „Bevorzuge mich bei der Erlangung der Erkenntnis von Dir!" Und Allah weiß es besser!

المؤخر

71. El-Mu'akhir (Dschelle Dschelalehu)

Bedeutung: Der Hintanstellende.
Der Zurückstellende.
Erläuterung: El-Mu'akhir sorgt dafür, dass sich die Menschen von Ihm entfernen. Wer sich von Ihm entfernt, den stellt Er hinten an. So stellt Er Seine Feinde, die sich von Ihm entfernten, den Gläubigen hinten an und hängt einen Schleier zwischen Sich und sie.

„O Mu'akhir! Hoheit! Seid so gütig und bewahrt mich vor allem Schaden."

الأوّل

72. El-Ewwel (Dschelle Dschelalehu)

Bedeutung: Der Erste. Der Anfang. Der Ursprung. Die Erstursache.
Erläuterung: El-Ewwel war schon da, bevor die erschaffenen Dinge vorhanden waren. Er geht allen Dingen voran und ist die Ursache für die Existenz aller Dinge.

„O Ewwel! Setze für uns das Gute und das Rechte an erste Stelle.“

الآخر

73. El-Akhir (Dschelle Dschelalehu)

Bedeutung: Der Letzte. Die Letztursache.
Erläuterung: El-Akhir ist noch da, wenn alle Dinge verschwunden sein werden und Er ist die Ursache für das Verschwinden aller Dinge. Er steht über allen Dingen, d.h. dass nichts und niemand, wie und wo auch immer, denselben Standplatz erreichen kann, wie Er.

„O Akhir! Lass mich mit dem Glaubensbekenntnis auf den Lippen versterben.“

الظَّاهِرُ

74. Edh-Dhahir (Dschelle Dschelalehu)

Bedeutung: Der Sichtbare. Der Ersichtliche. Der Offenkundige.

Erläuterung: Wenn man auf dem Wege der Vernunft Beweise für die Existenz des Erhabenen Allah finden möchte, dann ist Er Edh-Dhahir, der Offenkundige, der genügend Hinweise und Zeichen für Seine Existenz gibt.

„O Dhahir! Enthülle mir die Erkenntnisse von Dir, die in den tiefsten Tiefen der Verborgenheit schlummern."

الْبَاطِنُ

75. El-Batin (Dschelle Dschelalehu)

Bedeutung: Der Verborgene. Der Geheime. Der Unergründliche. Der Unbegreifliche. Der Unfassbare. Der Unerklärliche.

Erläuterung: Wenn man versucht, den Erhabenen Allah mit den Sinnesorgangen oder dem Vorstellungsvermögen wahrzunehmen, dann ist Er El-Batin. Denn Allah ist erhaben über körperliche oder menschliche Eigenschaften.

„O Batin! Bringe mir die verborgensten Deiner verborgenen Geheimnisse nahe.“

الولي

76. El-Wali (Dschelle Dschelalehu)

Bedeutung: Der Freund. Der Nahe. Der Beschützer. Der Verwalter. Der Leiter.

Erläuterung: El-Wali ist der liebevolle Helfer. Er ist der Sachwalter aller Angelegenheiten aller Geschöpfe.

„O Wali! Vertraue all meine Angelegenheiten nur einem aufrichtigen Ratgeber an."

المتعالي

77. **El-Mute'ali** (Dschelle Dschelalehu)

Bedeutung: Der Erhabene. Der Hocherhabene. Der Unvorstellbare.

Erläuterung: El-Mute'ali hat dieselben Eigenschaften wie El-Aliyy, nur dass diese bei Ihm noch stärker ausgeprägt sind, als bei El-Aliyy.

„O Mute'ali! Und leite ihn (den Ratgeber) recht und fördere seine Treue (zu mir).“

البَرُّ

78. El-Berr (Dschelle Dschelalehu)

Bedeutung: Der Gute. Der Gütige. Der Wohltätige.
Erläuterung: El-Berr ist der Ursprung aller Wohltaten und allen guten Handelns.

„O Berr! Du bist der Herr der Geschöpfe und beschenkst sie mit Deinen Gaben."

التَّوَّابُ

79. Et-Tewwab (Dschelle Dschelalehu)

Bedeutung: Der Vergebende. Der Verzeihende. Der die Reue Akzeptierende.

Erläuterung: Et-Tewwab macht es Seinem Diener ein ums andere Mal leicht, sich Ihm reumütig zuzuwenden. Er macht ihn solange auf seine Fehler aufmerksam und flößt ihm solange Furcht ein, bis er erkannt hat, wie viel Unheil seiner Sündhaftigkeit entspringt und er sich Ihm angsterfüllt und reumütig zuwendet und Ihn um Vergebung bittet. Da nimmt Er die Reue Seines Dieners an und wendet Sich ihm wieder zu.

„O Tewwab! Vergib uns die Sünden und nimm unsere reumütige Entschuldigung an.“

المنتقم

80. El-Munteqim (Dschelle Dschelalehu)

Bedeutung: Der Rächer. Der Vergeltende. Der Bestrafende.

Erläuterung: El-Munteqim bricht das Rückgrat des Widerspenstigen und verwehrt ihm den Einlass ins Paradies. Er verschlimmert die Strafe der Gewaltherrscher. Dies alles, nachdem Er sie vorgewarnt und ermahnt hat, ihnen die Möglichkeit zur Umkehr gegeben und ihnen Aufschub gewährt hat. Danach ist Er heftig in Seiner Rache und niemand kann Ihn daran hindern, die Bestrafung rasch zu vollstrecken.

„O Munteqim! Du rächst Dich an jenen, die sich selbst Unrecht tun (indem sie sündigen).“

العَفُوُّ

81. El-Afuww (Dschelle Dschelalehu)

Bedeutung: Der Vergebende. Der Verzeihende.
Erläuterung: El-Afuww macht die schlechten Taten der Gläubigen ungeschehen und sieht über ihren Ungehorsam hinweg.

„O Afuww! Du bist aber auch der Vergebende. So vergib uns großmütig.“

الرَّؤُوفُ

82. Er-Ra'uf (Dschelle Dschelalehu)

Bedeutung: Der Gütige. Der Barmherzige.
Der Erbarmer. Der Vergebende.
Erläuterung: Er-Ra'uf ist der Barmherzige. Die Barmherzigkeit des Ra'uf ist noch ausgeprägter, als die Barmherzigkeit von Er-Rahim.

„O Ra'uf! Du verfährst gütig und gnädig mit Deinen Dienern."

مَالِكُ الْمُلْكِ

83. Malikul-Mulk (Dschelle Dschelalehu)

Bedeutung: Der Allesbeherrschende.
Der Alleinherrscher. Der Besitzer der Macht.
Erläuterung: Malikul-Mulk ist der Herrscher (*Malik*) über die Himmel und die Erde. Sein Königreich (*Mulk*) umfasst also die gesamte Schöpfung. Dort lässt Er entstehen, bestehen und vergehen, wie Er will. Alles untersteht Seinem Willen, den Er gegen alle Widerstände hinweg durchsetzt.

„O Malikul Mulk! Du hilfst freigiebig jenen, die Dich im Du'a (Bittgebet) anrufen."

ذُو الْجَلَالِ وَالْإِكْرَامِ

84. Dhul Dschelali wel Ikram (Dschelle Dschelalehu)

Bedeutung: Der Besitzer der Majestät und der Ehre. Der Große und Großmütige. Der Erhabene und Gütige.
Erläuterung: Es gibt keine Erhabenheit und keine Vollkommenheit, die nicht zum Wesen des Erhabenen Allah gehört und es gibt keinen Edelmut und keine Ehrwürdigkeit, die nicht ihren Ursprung im Erhabenen Allah hat. Das Wesen des Erhabenen Allah ist majestätisch und alle Wohltaten und jeder Großmut entspringen Seiner Großzügigkeit.

„O Dhul Dschelal! Hülle uns in das Gewand der Erhabenheit. O Dhul Ikram! Und der Strom Deiner Großmut versiegt niemals.“

المُقسِط

85. El-Muqsit (Dschelle Dschelalehu)

Bedeutung: Der Gerechte. Der Rechtschaffende. Der Rechthandelnde.

Erläuterung: El-Muqsit verschafft jenen Gerechtigkeit, denen Ungerechtigkeit widerfahren ist. Dabei ist El-Muqsit der vollkommen Gerechte, denn Er schafft einen so gerechten Ausgleich zwischen dem Ungerechten und demjenigen, dem Ungerechtigkeit widerfahren ist, dass beide Seiten mit Seinem Urteil vollkommen einverstanden und zufrieden sind.

„O Muqsit! Lass mein Herz auf dem wahren Wege standhaft sein."

الجامع

86. El-Dschami (Dschelle Dschelalehu)

Bedeutung: Der Versammelnde.
Der Zusammenführende. Der Vereinigende.
Erläuterung: El-Dschami führt das Gleichartige, das Verschiedenartige und das Gegensätzliche zusammen. So versammelt Er die verschiedenen Arten der Menschen auf Erden und am Tage der Auferstehung. Er bildet Symbiosen zwischen den verschiedensten Lebewesen, Pflanzen und Materialien. Er vereint Hitze und Kälte, Feuer und Wasser, in den Körpern der Lebewesen und führt einen Ausgleich zwischen deren Widerstreit her.

„O Dschami! Vereinige in mir die ganze Fülle der Vollkommenheit."

الْغَنِيُّ

87. El-Ghaniyy (Dschelle Dschelalehu)

Bedeutung: Der Reiche. Der Wohlhabende. Der Unabhängige.

Erläuterung: El-Ghaniyy ist der Unabhängige. Weder mit Seinem Wesen noch mit einer Seiner Eigenschaften ist Er auf irgendeine Weise abhängig von anderen. Erhaben ist Allah darüber!

„O Ghaniyy! O Allah! Du bist der Reiche, so nimm meine Bedürftigkeit von mir."

المغني

88. El-Mughni (Dschelle Dschelalehu)

Bedeutung: Der Reichmachende. Der Bereichernde. Der Zufriedenstellende.

Erläuterung: El-Mughni ist der Ursprung jeglichen Reichtums. Er versorgt die Geschöpfe, bereichert sie und stellt sie zufrieden. Auch wenn man noch so reich und noch so unabhängig sein mag, so hängt man doch von der Gnade El-Mughnis ab, Der alle Geschöpfe mit Seinem Reichtum versorgt.

„O Mughni! Und befreie mein Herz von jeder Bedürftigkeit außer der nach Dir."

المانع

89. El-Mani (Dschelle Dschelalehu)

Bedeutung: Der Hindernde. Der Verhindernde. Der Abwehrende. Der Abwendende.

Erläuterung: El-Mani bewahrt die Lebewesen vor körperlichen Beeinträchtigungen und Tod, schützt ihre Religion und wendet Schaden von ihnen ab. El-Mani ist eng mit El-Hafidh (dem Schützer und Bewahrer) verknüpft, denn Schutz kann es nicht ohne Abwehr und Bewahrung nicht ohne Abwendung geben.

„O Mani! Halte mich davon ab, Sünden zu begehen. Und heile mich von allem Übel, das aus meiner Geziertheit[13] hervorging.“

13 Gezierte Handlungen, sind Handlungen, die nicht mit reiner Absicht ausgeführt werden, sondern die aus der Absicht heraus ausgeführt werden, andere zu beeindrucken oder die eigenen Fähigkeiten zur Schau zu stellen: In diesem Sinne hieße es dann: „Und heile mich von allem Übel, das dadurch entstand, dass ich andere mit meinen Fähigkeiten beeindrucken wollte.“ Und Allah weiß es besser!

الضَّارُّ

90. Ed-Darr (Dschelle Dschelalehu)

Bedeutung: Der Schadende. Der Schadbringende.
Erläuterung: Ed-Darr ist der Ursprung von allem Schlechten und allem Schadbringenden. Dabei besitzt nichts Schlechtes und nichts Schädliches von sich aus Kraft, sondern nur Allah besitzt Kraft und lässt den Schaden entstehen. So ist beispielsweise Gift nicht von sich aus tödlich, sondern es ist nur ein Mittel zum Zweck, um den Willen des Erhabenen Allah zu vollstrecken und dem Menschen das Leben zu nehmen, wenn seine Frist gekommen ist.

„O Darr! Und schmähe die Neider.“

النَّافِعُ

91. En-Nafi (Dschelle Dschelalehu)

Bedeutung: Der Nützende. Der Nutzbringende.
Erläuterung: En-Nafi ist der Ursprung von allem Guten und allem Nützlichen. Alles Gute und alles Nützliche ist nur gut und nützlich, wenn ihm der Erhabene Allah Nutzen verleiht. So ist beispielsweise Nahrung nicht von sich aus nahrhaft, sondern sie ist nur ein Mittel zum Zweck, um den Willen des Erhabenen Allah zu erfüllen und den Menschen am Leben zu erhalten, solange Er dies will.

„O Nafi! Lass mich aus einer erkennenden Seele Nutzen ziehen!"

النّور

92. En-Nur (Dschelle Dschelalehu)

Bedeutung: Das Licht.
Erläuterung: En-Nur hat alle existierenden Dinge mit Seinem Licht aus der Dunkelheit der Nichtexistenz hervorgebracht. Er ist das Licht der Himmel und der Erde und alle existierenden Dinge sind mit Seinem Licht erfüllt.

„O Nur! Du bist das Licht in allen Dingen die das Licht der Welt erblicken."

الهادي

93. El-Hadi (Dschelle Dschelalehu)

Bedeutung: Der Rechtleiter. Der Führer. Der Leiter.
Erläuterung: El-Hadi leitet die Menschen solange recht, bis sie in allen Dingen Sein Wesen und Sein Dasein erkennen und bis sie einsehen, dass sie in allen Belangen vollkommen von Ihm abhängig sind.

„O Hadi! Und entzünde die Flamme Deines göttlichen Lichts in meinem Herzen!"

البديع

94. El-Bedi (Dschelle Dschelalehu)

Bedeutung: Der Hervorbringer. Der Schöpfer. Der Unvergleichliche. Der Einzigartige.
Erläuterung: El-Bedi ist der Unvergleichliche. Nichts gleicht Ihm, weder in Seinem Wesen noch in Seinen Eigenschaften noch in Seinem Handeln noch in irgendwelchen anderen Angelegenheiten. Er steht außerhalb der erschaffenen Welt und Er ist der Unvergleichliche seit jeher und bis in alle Ewigkeit.

„O Bedi! Schöpfer aller Geschöpfe aus dem Nichts! Ich hoffe auf den Fluss des Überflusses (Deiner Wohltaten).“

الباقي

95. El-Baqi (Dschelle Dschelalehu)

Bedeutung: Der Ewige. Der ewig Fortdauernde. Der Fortbestehende. Der Verbleibende. Der Weiterlebende. Der ewig Bestehende.

Erläuterung: Der Erhabene Allah ist der Ewige, Der seit jeher existiert und bis in alle Ewigkeit fortdauert. Gäbe es Ihn nicht, dann gäbe es auch sonst nichts. Wenn man in die Zukunft blickt, dann ist Er El-Baqi, Der bis in alle Ewigkeit Fortbestehende und wenn man in die Vergangenheit blickt, dann ist Er El-Qadim, der seit jeher Existierende.

„O Baqi! Nichts hat Bestand neben Dir. Nur Deine Herrschaft besteht ewig fort."

الْوَارِثُ

96. El-Warith (Dschelle Dschelalehu)

Bedeutung: Der Erbe. Der Hinterbliebene. Der Übrigbleibende.

Erläuterung: El-Warith ist der Hinterbliebene, der Übrigbleibende, der Ewigfortbestehende. Wenn die Geschöpfe und Dinge vergehen, dann ist ihre Rückkehr zu Ihm. Er ist der ursprüngliche Besitzer aller Dinge. Er überlässt den Menschen von Seinem Besitz so viel Er will und solange Er will und nimmt die Dinge wieder in Seinen Besitz, wann Er will.

„O Warith! Mach mich zum Erben Deines Wissens."

الرَّشِيدُ

97. Er-Reschid (Dschelle Dschelalehu)

Bedeutung: Der Vernünftige. Der Verständige.
Erläuterung: Er-Reschid plant alle Dinge voraus und ordnet sie in vollkommener Ebenmäßigkeit an. Dabei braucht Er keinen Ratschlag eines Ratgebers, keine Anleitung eines Anleiters und keine Führung eines Führers.

„O Reschid! Und lass mich Deine Rechtleitung in ihrer vollen Schönheit erlangen."

الصَّبُورُ

98. Es-Sabur (Dschelle Dschelalehu)

Bedeutung: Der Geduldige. Der Langmütige. Der Standhafte. Der Beharrliche.
Erläuterung: Es-Sabur ist Derjenige, Der die Dinge zu ihrer festgesetzten Zeit regelt. Dabei gibt es keine Verzögerungen und keine Beschleunigungen.

„O Sabur und O Settar! Verleihe meinem Entschluss zur Standhaftigkeit Erfolg."

السَّتَّارُ

99. Es-Settar (Dschelle Dschelalehu)

Bedeutung: Der Bedeckende.
Der (die Fehler) Zudeckende.
Erläuterung: Es-Settar verbirgt die Fehler und Sünden der Gläubigen vor den anderen Menschen, solange diese nicht selbst dafür sorgen, dass diese offenkundig werden.

„O Sabur und O Settar! Verleihe meinem Entschluss zur Standhaftigkeit Erfolg."

ABSCHLUSSDU‘A:

Meine Entscheidungen in meinem irdischen Dasein,
Lass sie eingehüllt in Deine Schönen Namen sein!

O mein Herr! Bei Deinen Schönen Namen ruf‘ ich Dich an.
Eindringlich fleh‘ ich Dich bei Deinen gewaltigsten Zeichen an.

O mein Herr! Bei der Vorzüglichkeit Deiner Namen bitte ich Dich.
Zur vollkommenen Reife mach Deinen Weg bereit für mich.

Mit Deiner Zufriedenheit beantworte meine Hoffnung auf Dich.
Schütz mich vor den Härten meiner Zeit; sie veränderten mich.

Hilf mir den Krankheiten meiner Triebseele Herr zu werden
Und heile sie von ihren spirituellen Beschwerden.

Leite mich zum Guten und rück jene Gedanken zurecht,
die sich in meinen Verstand mischten, ganz zu Unrecht.

Sei gnädig zu meinen Eltern, meinen Glaubensbrüdern und zu all jenen,
Die Dich in schöner Rezitation bei diesen Namen anflehen.

Mein Name ist Abdulqadir und ich stamme von
Hassan[14] ab.
In meinem edlen Stammbaum bildet man mich als
Muhyiddin ab.

O Erhabener Allah! Lass Muhammed, meinem
geliebten Vorfahren,
Den süßesten und vollkommensten
Frieden erfahren!

Und lass an diesem Frieden, heilig und erhaben,
Seine ganze Familie und seine Gefährten teilhaben.

Und zu guter Letzt bringen wir dieses
Du'a (Bittgebet) zu Ende:
Alles Lob gebührt Allah vom Anfang bis zum Ende!

14 Hassan Bin Ali رضي الله عنه, der Enkel des Gesandten Allahs ﷺ.

HAUPTTEXT OHNE ERLÄUTERUNGEN:

„O Rahman! Bei Deiner Barmherzigkeit, die allumfassend ist.
O Rahim! Sei mir liebevoll zugetan.

O Melikul Quddus! Heilige mein Geheimnis!
O Selam! Und verschone mein Leben vor jeglicher Heimsuchung.

O Mu'min! Stelle mich unter (Deinen) sicheren Schutz.
O Muheymin! Und verdecke (meine Sünden) mit dem Mantel (Deiner) Gutmütigkeit.

O Aziz! Entferne alle Schändlichkeit von meinem Wesen.
O Dschebbar! Bei Deiner Macht! Beschütze mich vor allen Schwierigkeiten.

O Mutekebbir! Und erniedrige meine Feinde allesamt.
O Khaliq! Halte mich fern von allem Schlechten.

O Bari! O Erschaffer aller Gnadengaben! Vermehre den Fluss Deiner Wohltaten.
O Musawwir! Den (Fluss Deiner Wohltaten), den Du uns zuvor vergönnt hast.

O Ghaffar! Meine ganze Hoffnung ruht auf Dir. Darum nimm meine Reue an.
O Qahhar! Lass sich meinen Teufel wegen Deiner Allgewalt enttäuscht von mir abwenden.

O Wehhab! Beschenke mich mit Wissen und Weisheit.
O Razzaq! Und erleichtere mir (den Erwerb) meines Lebensunterhalts.

O Fettah! Erleuchte meine Erkenntnis durch Deine Offenbarung.
O Alim! Und gib mir Wissen aus Deinem Überfluss.

O Qabid! Bedrücke die Herzen aller Aufsässigen mit Beklemmung.
O Basit! Und gewähre mir Zugang zu Deinen höchsten Geheimnissen.

O Khafid! Vermindere den Stellenwert eines jeden Heuchlers.
O Rafi! Bitte erhöhe mich durch Deine Barmherzigkeit.

O Mu'izz! Ich bitte Dich um Ehre, o Du, Der Du die Ehre jenen gibst, die sie verdienen.
O Mudhill! Und erniedrige die Ungerechten, indem Du sie vorführst.

O Semi! Es reicht mir aus zu wissen, dass Du (über meinen Zustand) Bescheid weißt.
O Basir! Deshalb sieh auf meinen Zustand, behebe (meine Mängel) und erhöre (meine *Du'as* (Bittgebete)).

O Adl, o Latif, o Hakem! Du bist der Gerechte und der Feinfühlige zu Deinen Geschöpfen.
O Khabir! Du kennst alles, was sich im Verborgenen und alles, was sich im Offenen abspielt.

O Halim! Deine Sanftmut ist mein Bestreben und meine Stütze.
O Adhim! Das Ausmaß Deiner Großmut ist allüberragend.

O Ghafur! Du verzeihst die Fehltritte aller Sünder und deckst diese zu.
O Schekur! Du zeigst Dich Deinen Freunden gegenüber erkenntlich. Vereinige uns mit Deinen geliebten Freunden.

O Aliyy! Wahrlich hast du den Rang Deines Geliebten (Muhammedﷺ) erhöht.
O Kebir! Reichlich ist Dein Gutes und zahlreich sind Deine Wohltaten.

O Hafidh! Nichts entzieht sich Deinem Wissen.
O Muqit! Du versorgst die niedrigsten und die höchsten der Geschöpfe mit ihrem Unterhalt.

O Hasib! Dein Richtspruch genügt mir. Sei der Sachwalter über meine Angelegenheiten.
O Dschelil! Lass Strafe über meine Widersacher kommen.

O Kerim! O Allah! Du bist ehrwürdig, so würdige meine Begabungen!
O Raqib! Und wirf meine Feinde zu Boden.

O Mudschib! Ich rufe Dich an, o mein Herr! Du erhörst die *Du'as* (Bittgebete) jener, die Dich anrufen.
O Wasi! Du bist Derjenige, der seit jeher den

Völkern Seine Wohltaten in Hülle und
Fülle bereitstellt.

O Hakim! O Allah! Du bist der weise Urteilende.
Urteile Du über die Taten, die von mir bezeugt sind.
O Wedud! Möge sich Deine Liebe in mir festsetzen.

O Medschid! So gib mir einen Ehrenrang bei Dir
und Glückseligkeit und die Nähe zu Dir.
O Ba'ith! Schick mir rasch Deine Heerscharen zu
meiner Unterstützung.

O Schehid! Du bist der Zeuge über alle
Angelegenheiten! Gestalte meine
Lebensumstände angenehm!
O Haqq! O Quell aller Quellen! Gewähre mir
Zugang zu den Quellen
(Deiner Segnungen).

O Wekil! O Allah! Decke meinen täglichen Bedarf.
O Qawiyy! Zu wissen, dass Du die Vollmacht über
alle Dinge besitzt, reicht aus.

O Metin! Und stärke mich in meiner Schwäche,
indem Du mich kraftvoll und fähig machst!
O Weliyy! Hilf jenen, die Dich aus der
Abgeschiedenheit heraus anrufen.

O Hamid! O Herr! Ich lobpreise Dich, indem ich
Deine Einheit und Deine Einzigartigkeit bekunde.
O Muhsi! Verbessere die Fehler der Menschen.

O Mubdi! O Allah! Eröffne mir den Sieg und leite mich recht.
O Mu'id! Du rufst die Dinge ins Dasein zurück, nachdem sie zugrundegehen oder vergehen.

O Muhyi! Ich bitte Dich um ein Leben, das leicht und glücklich vonstattengeht.
O Mumit! Töte rasch die Feinde meiner Religion.

O Hayy! Belebe mein totes Herz durch das immerwährende Gedenken an Dich.
O Qayyum! Und bewahre die Verbindung meines Geheimnisses zu Dir bis in alle Ewigkeit aufrecht.

O Wadschid! O Ursprung des göttlichen Lichts! Erfülle mich mit Freude.
O Madschid! O Spender des göttlichen Lichts! Sei mir eine Stütze.

O Wahid! Du bist allgegenwärtig. Nichts existiert neben Dir.
O Samed! Auf Dir beruhen die Existenz und die Erhabenheit aller Dinge.

O Qadir! O Besitzer der Kraft! Vernichte unsere Feinde!
O Muqtedir! Verhänge über unsere Neider großes Unheil.

O Muqaddim! Und stelle mein Geheimnis voran.
O Mu'akhir! Hoheit! Seid so gütig und bewahrt mich vor allem Schaden.

O Ewwel! Setze für uns das Gute und das Rechte an erste Stelle.
O Akhir! Lass mich mit dem Glaubensbekenntnis auf den Lippen versterben.

O Dhahir! Enthülle mir die Erkenntnisse von Dir, die in den tiefsten Tiefen der Verborgenheit schlummern.
O Batin! Bringe mir die verborgensten Deiner verborgenen Geheimnisse nahe.

O Wali! Vertraue all meine Angelegenheiten nur einem aufrichtigen Ratgeber an.
O Muteʿali! Und leite ihn (den Ratgeber) recht und fördere seine Treue (zu mir).

O Berr! Du bist der Herr der Geschöpfe und beschenkst sie mit Deinen Gaben.
O Tewwab! Vergib uns die Sünden und nimm unsere reumütige Entschuldigung an.

O Munteqim! Du rächst Dich an jenen, die sich selbst Unrecht tun (indem sie sündigen).
O Afuww! Du bist aber auch der Vergebende. So vergib uns großmütig.

O Ra'uf! Du verfährst gütig und gnädig mit Deinen Dienern.
O Malikul Mulk! Du hilfst freigiebig jenen, die Dich im *Du'a* (Bittgebet) anrufen.

O Dhul Dschelal! Hülle uns in das Gewand der Erhabenheit.

O Dhul Ikram! Und der Strom Deiner Großmut
versiegt niemals.

O Muqsit! Lass mein Herz auf dem wahren Wege
standhaft sein.
O Dschami! Vereinige in mir die ganze Fülle
der Vollkommenheit.

O Ghaniyy! O Allah! Du bist der Reiche, so nimm
meine Bedürftigkeit von mir.
O Mughni! Und befreie mein Herz von jeder
Bedürftigkeit außer der nach Dir.

O Mani! Halte mich davon ab, Sünden zu begehen.
Und heile mich von allem Übel, das aus meiner
Geziertheit hervorging.
O Darr! Und schmähe die Neider.

O Nafi! Lass mich aus einer erkennenden Seele
Nutzen ziehen!
O Nur! Du bist das Licht in allen Dingen die das
Licht der Welt erblicken.

O Hadi! Und entzünde die Flamme Deines
göttlichen Lichts in meinem Herzen!
O Bedi! Schöpfer aller Geschöpfe aus dem Nichts!
Ich hoffe auf den Fluss des Überflusses
(Deiner Wohltaten).

O Baqi! Nichts hat Bestand neben Dir. Nur Deine
Herrschaft besteht ewig fort.
O Warith! Mach mich zum Erben Deines Wissens.

O Reschid! Und lass mich Deine Rechtleitung in
ihrer vollen Schönheit erlangen.
O Sabur und O Settar! Verleihe meinem Entschluss
zur Standhaftigkeit Erfolg.